Anselm Grün

Musik ist ein Fenster zum Himmel

Für Freunde der Musik

D1666938

Kreuz

Die Musik nennt Martin Luther ein »Geschenk Gottes«
Musik ist »ein unsterblich Bemühen des Menschen,
ihm zu Lehen gegeben von der Gottheit«,
meint der griechische Dichter Pindar.

Wer Musik hört, hört über diese Welt hinaus.
Er horcht in der Musik in Gott hinein.
Was Musik in uns bewirkt, sagt uns Theodor Storm.
Die Nachtigall singt die ganze Nacht:
»Da sind von ihrem süßen Schall,
da sind in Hall und Widerhall
die Rosen aufgesprungen.«

Vom Lied der Nachtigall
springen die Rosen auf.
Die Rose steht für die Liebe.
Das Lied bringt den Menschen
in Berührung mit der Liebe,
die in seinem Herzen schlummert,
von der er aber oft entfremdet ist.
Der süße Schall hinterlässt im Herzen des Menschen
einen süßen Geschmack.
Süßigkeit, dulcedo, das ist für die Mystiker
der Gottesgeschmack.

Das Lied verwandelt die Seele des Menschen.
Es öffnet das Herz für die Liebe.
Es lässt uns die Süßigkeit Gottes schmecken.

Der irische Schiftsteller Séan Ó Faoláin sagt einmal:
»In der Gegenwart großartiger Musik
bleibt uns keine andere Alternative,
als edel zu leben.«
Großartige Musik kann man nicht hören,
ohne sein Herz zu weiten.

Wenn ich Musik höre,
kann ich meinen Ärger und meine Rachsucht
nicht weiter in meinem Herzen bohren lassen.
Die Musik hat einen Anspruch an mich.
Sie deckt mir den Adel meiner Seele auf.

Musik verträgt sich nicht mit gemeiner Gesinnung,
mit egozentrischem Kreisen um sich selbst,
mit kleinkariertem Denken und Handeln.

In jedem von uns ist auch eine edle,
eine vornehme Gesinnung.
Jeder trägt in sich eine adlige Herkunft,
die Herkunft von Gott.
Die Musik offenbart dem Menschen,
dass er aus Gott stammt und dass daher
göttliche Gesinnung in ihm waltet.

Augustinus hat wunderbare Worte über die Musik gefunden.
»Cantare amantis est – Singen ist Ausdruck der Liebe.«
Wenn du singst, kommst du mit deiner Freude in Berührung,
die auf dem Grund deiner Seele ist.
Und du spürst die Sehnsucht nach Liebe.

Jedes Lied drückt unsere tiefste Sehnsucht aus,
zu lieben und geliebt zu werden.
Das Singen, so glaubt Augustinus, stachelt unsere Sehnsucht an.
So wie Wanderer in der Nacht ihre Heimatlieder singen,
so singen wir hier in der Fremde
die Liebeslieder unseres Vaterlandes,
um unsere Sehnsucht nach der Heimat anzustacheln,
nach einer Heimat, in der wir für immer zu Hause sind.

Indem wir singen, so meint Augustinus,
wird nicht nur unsere Liebe hörbar,
sondern auch die Stille.
Singen ist für Augustinus ein Weg nach innen,
in den inneren Raum der Stille,
in das innerste Geheimnis der Seele.

Der rumänische Dirigent Sergiu Celibidache hat
sein Verständnis von Musik
durch die Begegnung mit dem Zen-Buddhismus
entwickelt.
Musik ist für ihn immer neu.
Sie entsteht beim Spielen.
Aber es braucht große Sorgfalt,
die Musik so erklingen zu lassen,
wie es ihrem Wesen entspricht.

»Wir erschaffen keine Musik,
wir schaffen nur die Bedingungen,
unter denen sie sich manifestieren kann.«
Das ist die Grundlage seines Musizierens,
das viele Menschen tief berührt hat.
Es war immer ein spirituelles Erlebnis,
ein Konzert von Celibidache zu hören.
Die Musik führte die Menschen nach innen,
in den inneren Raum des Schweigens,
der Ehrfurcht, der Betroffenheit, der Freude.

Musik ist für Celibidache
»die Gleichzeitigkeil des Gegensätzlichen«.
Da wird alles eins: Himmel und Erde,
Gott und Mensch, Licht und Dunkel,
Freude und Leid, Sehnsucht und Erfüllung.
Gott ist das »Zusammenfallen der Gegensätze« (Cusanus).
In der Musik wird Gott selber hörbar.

Musik ist ein Fenster zum Himmel

Wenn ich Musik höre,
dann spüre ich, dass meine Seele Flügel bekommt.
Sie fliegt über diese Welt hinaus in die Welt der Transzendenz.

Im zweiten Satz des Mozartschen Klarinettenkonzerts
horcht die Klarinette ihren eigenen Tönen nach.
Es ist wie ein Hineinlauschen in die Ewigkeit.
Der irische Philosoph und Schriftsteller John Ó Donohue meint:
»Wenn wir schöner Musik lauschen,
treten wir in die zeitliche Dimension der Ewigkeit ein.
Die vergängliche, zerstückelte lineare Zeit verflüchtet sich,
und wir werden in den Kreis des Ins-Ewige-Gehörens versetzt.«

Für den deutschen Philosophen Martin Heidegger
ist Lauschen Andacht. »Hören führt in die Geborgenheit.«
Wer ein Konzert hört, fühlt sich geborgen.
Die Musik ist wie eine ihn bergende Liebe, die ihn einhüllt.
Indem er sie hört, fühlt er sich zugehörig,
der Liebe, dem Leben, da fühlt er sich daheim.
Im Hören weiß er sich angesprochen, geliebt,
getragen, beflügelt.
Im Hören lauschen wir nach dem Unhörbaren.
Wir gehören dem Ungehörten, dem Unsagbaren,
wir gehören im Hören der Musik Gott selbst,
dem Schöpfer aller Musik.

Ich singe gerne gregorianischen Choral.
Ein französischer Kirchenmusiker sagt vom Choral,
er sei die Kunst, die Stille hörbar zu machen.
Im 10. Jahrhundert hat sich der Mönch Hartker in St. Gallen
40 Jahre lang in eine Zelle zurückgezogen,
um im Schweigen die Neumen,
die Vortragszeichen für den Gesang, zu schreiben.
Es bedurfte eines vierzigjährigen Schweigens,
um im Singen das Wort Gottes so hörbar werden zu lassen,
dass es die Herzen der Menschen erreicht
und deren Wunden heilt.
Der Mönch Hartker war überzeugt,
dass das Singen dem Wort genau entsprechen muss.
Es dient dazu, das Wort Gottes
im Herzen des Menschen aufklingen zu lassen.

Das gesungene Wort Gottes bringt das Herz zum Schwingen.
Es heilt das verletzte Herz.
Es erhellt die Dunkelheit der Seele.
Es vertreibt die Traurigkeit.
Es bringt den Menschen in Berührung mit seiner Freude,
die auf dem Grund seiner Seele bereitliegt.
Das Singen weckt die Freude.
Und es weckt die Liebe zu Gott
und die Liebe zu allem, was ist.

Ich höre an ganz bestimmten Festen immer eine Bachkantate.
Da lasse ich mich einfach ins Hören fallen.
Manche Texte sind auf den ersten Blick zu jenseitig.
Aber ich ahne im Hören, dass ich nicht nur dieser Welt gehöre,
sondern der anderen, ewigen Welt.
Im Hören fühle ich mich der Welt Gottes zugehörig.
Manchmal lässt Bach den Chor
immer im gleichen Tempo kreisen.
Mich hat die Deutung fasziniert,
die Eugen Jochum gegeben hat,
der für mich spirituellste Dirigent des letzten Jahrhunderts:
»Man muss das Empfinden von Zeit verlieren,
es könnte genausogut noch länger dauern.
Hinter der Musik Bachs mit ihrem endlosen Kreisen
leuchtet schon das Meer der Ewigkeit.«

In den Chören Bachs haben mich früher
die endlosen Wiederholungen gestört.
Heute ahne ich etwas von der Zeitlosigkeit der Musik.
Die Musik lässt in der Zeit das Ewige erklingen.
Sie hat einen Rhythmus, der die Zeit gliedert.
Aber im zeitlichen Vollzug klingt das Überzeitliche an,
das Ewige, der ewige Gott.

In der Passionszeit höre ich immer die Matthäuspassion.
Es ist eine Aufnahme mit Karl Münchinger,
Peter Pears, Hermann Prey und Fritz Wunderlich.
Sie alle sind schon gestorben.

Wenn ich mich in ihre Stimmen hineinhorche,
überlege ich mir, wie ihre Stimme jetzt im Himmel erklingt
oder wie sie nun selbst die Musik
in ihrer Vollkommenheit hören.
Sie haben in diesen Arien ihren Glauben ausgedrückt,
ihre Sehnsucht nach dem Geheimnis des Lebens,
nach dem Geheimnis Gottes.
Jetzt schauen sie das Geheimnis.
Jetzt hören sie im Himmel das bisher Ungehörte, Unerhörte.

Gott selbst ertönt mit seiner Stimme.
Und alle menschliche Stimme ist nur der Versuch,
Gottes Stimme zu Gehör zu bringen.
Gottes Stimme ist eine Stimme, die Ruhe schenkt,
die voller Liebe ist, voller Zärtlichkeit, voller Kraft.
Indem ich die Stimme der Verstorbenen höre,
höre ich mich in Gottes Stimme hinein.
Und ich ahne im Hören, dass etwas in mir
schon dieser Ewigkeit gehört.

In meiner Jugend habe ich Cello gespielt.
Das Cello hat einen wunderbaren weichen Ton,
der das Herz berührt.
Beim Cellospielen konnte ich meine Sehnsucht ausdrücken,
meine Sehnsucht nach Liebe,
nach Heimat, nach gelingendem Leben.
Ich weiß nicht, welches Instrument du spielst.
Mit jedem Instrument kannst du deine Gefühle ausdrücken.
Und indem du sie ausdrückst, verwandeln sie sich.

Musik kennt traurige Gefühle, aber auch Fröhlichkeit.
Du hast sicher bestimmte Stücke, die du
gerade dann spielst, wenn es dir nicht gut geht,
wenn du enttäuscht bist,
wenn Menschen dich verletzt haben.
Indem du gerade diese Musik spielst,
kommst du mit dem Grund deiner Gefühle in Berührung.
Und auf dem Grund deiner Traurigkeit entdeckst du Freude.
Auf dem Grund deines Ärgers ahnst du einen inneren Frieden.

Die Musik führt dich in den inneren Raum deines Herzens.
Dort findest du in dir Freude, Liebe, Vertrauen, Sehnsucht.
Das weitet dein Herz.
Und in einem weiten Herzen
haben Zorn und Ärger keinen Raum mehr.
Da können solche Gefühle nicht hochkochen.
Nur in einem weiten Herzen kann Gott wohnen.
So bereitet die Musik dein Herz,
damit Gott darin wohnen kann.

Es gibt Zeiten in meinem Leben,
da lege ich immer wieder die gleiche CD auf.
Da muss ich mir immer wieder Mozarts »Et incarnatus est«
aus der großen Messe c-moll anhören.
Dann ahne ich, dass Himmel und Erde miteinander eins werden,
dass Mystik und Eros zusammenfallen,
dass Gott auch in mir Fleisch annehmen will.
Nach diesem wunderbaren Lied über die Fleischwerdung Gottes
konnte Mozart das Credo nicht mehr weiter auskomponieren.
Da war schon alles gesagt.
Es ist ein Liebeslied, das der Sopran da singt,
in der Tonart, in der Mozart sonst Liebesarien komponiert.

Gott ist Mensch geworden,
die Liebe ist hörbar geworden.
Der Geist ist ins Fleisch gekommen.
Wenn Maria Stader diese Arien mit ihrer hellen Stimme singt,
dann ahnt mein Herz das Wesen der christlichen Botschaft.
Da wird Gott nicht nur Wort, sondern Lied, Ton, Stimme.
In der Stimme wird das Geheimnis göttlicher Liebe ausgesungen,
damit es die Herzen berührt und für die Liebe öffnet.
Da geschieht Erlösung, Heilung, Verwandlung.

Am Fest Mariä Lichtmess
höre ich die Bachkantate »Ich habe genug«.
Dietrich Fischer-Dieskau singt in unübertrefflicher Weise
die Arie des greisen Simeon.
Im Hören dieser Musik
verstehe ich die Erfahrung des Simeon:
Christus zu sehen, ist ihm genug.
Wenn ich diesen Jesus in meinem Herzen spüre,
dann habe ich genug,
dann ist meine Sehnsucht gestillt,
dann ist der Tod überwunden.
Er hat keine Macht mehr.
Er macht mir keine Angst mehr.

Am Fest Mariä Heimsuchung höre ich
die Kantate »Herz und Mund und Tat und Leben«.
Der Choral »Jesus bleibet meine Freude«
gräbt sich dann in meine Seele ein
und die Freude, die der Choral besingt,
durchdringt mich.
Das Geheimnis des Festes kommt mir nahe.
Wie das Kind in Elisabeth aufhüpft,
als Maria sie besucht,
so bringt die Musik meine Seele zum Springen.
Da wird etwas in mir lebendig.
Ich kann es nicht beschreiben.
Aber es ist da. Es lebt auf. Es blüht auf.

In Zeiten von Wehmut und Sehnsucht
höre ich mir die Schubertlieder an,
in die Fritz Wunderlich seine Sehnsucht nach Liebe
hineingelegt hat.
Es ist eine eigenartige Wehmut,
die in diesen Liedern erklingt.
Sie berührt mich. Ich fühle mich.
Ich komme mit Saiten meiner Seele in Berührung,
die von Zeit zu Zeit erklingen müssen,
damit ich lebendig bleibe.
Es ist eine eigenartige Stimmung,
die in diesen Liedern zum Ausdruck kommt.
Ich spüre, dass auch diese Stimmung in mir ist
und dass sie angesprochen werden muss,
damit meine Seele mit ihren Höhen und Tiefen,
mit ihren Traurigkeiten und mit ihrer Freude,
mit ihrer Angst und ihrem Vertrauen leben kann.

Auch die Traurigkeit gehört zum Leben.
Sie gibt meinem Leben Tiefe.
Es geht nicht alles nur so glatt.
Wenn ich die traurigen Gefühle zulasse,
fühle ich in mir einen bittersüßen Geschmack.
Ohne ihn wäre mein Leben ärmer.

Wo gesungen wird, da lass dich ruhig nieder.
Böse Menschen haben keine Lieder.
So sagt der Volksmund.
Doch auch Lieder können missbraucht werden.
Die Nazis haben aus Wanderliedern
Marschgesänge gemacht.
Ich kenne Menschen, die diese Lieder
nicht mehr hören können.
Zu stark sind die Erinnerungen an die Verletzungen,
die singende Soldaten ihnen angetan haben.

Zehn Jahre bin ich mit Jugendlichen
durch den Steigerwald gewandert.
Da sind wir abends oft am Lagerfeuer gesessen
und wir haben die alten Volkslieder gesungen.
In ihnen hat das Volk
seine Sehnsucht nach Liebe ausgedrückt.

Gemeinsam um das Feuer Lieder zu singen,
das schafft Gemeinschaft.
Da entsteht auf einmal ein Miteinander.
Alle kommen mit ihrem Herzen in Berührung.
Sie spüren, dass unter ihnen etwas entsteht,
das größer ist als sie selbst.
Im Singen haben sie teil an der Liebe,
an einer Sehnsucht, die uns über den Alltag hinausführt,
in die Weite und Tiefe unseres Herzens.

Vielleicht improvisierst du gerne auf deinem Cello,
auf deiner Gitarre, auf dem Klavier.
Dann kannst du deine Gefühle hörbar machen,
die du nicht in Worte kleiden kannst.
Indem du deine Gefühle ausdrückst,
klärt sich in dir, was getrübt ist
durch die Konflikte des Alltags,
durch die Verletzungen, die in dir auftauchen.

Sei dankbar, dass du die Musik hast,
um deine verwundete Seele zu heilen.
Wenn du deine Gefühle nicht mehr ausdrücken kannst,
dann nehmen sie dich gefangen.
Dann bestimmen sie dich.
Du weißt gar nicht, wie dir geschieht.
Du wirst nach unten gezogen
und kannst nicht mehr auftauchen.

Musik gibt dir Halt mitten in der Traurigkeit,
in der Angst, im Schmerz.
Die Musik ist wie eine Begleiterin,
die dich nicht alleine lässt in deinen Gefühlen.
Sie legt dir die Hand auf die Schulter.
Und unter dieser zärtlichen Berührung findest du Ruhe.

Es gibt für mich keine Liturgie ohne Musik.
Aber oft leide ich darunter, dass die Lieder im Gottesdienst
nur widerwillig und achtlos gesungen werden.
Zu jedem Fest gehören ganz besondere Lieder.
Die Adventslieder und Weihnachtslieder
kann man nur in dieser Zeit singen.
Da rühren sie das Herz an.
Da geben sie eine Ahnung von Heimat.
Zur Osternacht gehört das Lied »Christ ist erstanden«.

Der Kirchenmusiker hat eine große Verantwortung,
damit der Gottesdienst Ort spiritueller Erfahrung wird.
Unser früherer Kantor Godehard Joppich
war ein exzellenter Musiker.
Er hat ein Gespür gehabt
für die Stimmung eines Gottesdienstes.
Ostern konnte er nicht feiern, ohne im großen Halleluja
bis zum hohen a zu singen.
Als die Mitsänger meinten, das sei so anstrengend,
meinte er, irgendwann einmal müsse man das Sofakissen
wegziehen und aufstehen und singen und glauben.
Er litt darunter, dass manche Vorsänger
einen Ton gleichsam aus der Sofaecke anstimmen,
einen bequemen Ton, damit alle bequem mitsingen können.
Doch dann, so meint er, entsteht auch nur
cinc Liturgie aus der Sofaecke.
Da kann sich das Herz nicht mehr erheben.
Da traut man Gott nichts mehr zu.
Da hat man Angst vor der Ekstase,
zu der uns der Gesang ziehen möchte.
Wer singen will, muss »enthusiastisch = in Gott« sein.
Er muss sein enges Herz verlassen,
um sich zu Gott zu erheben.

In unserer Abteikirche sind immer wieder Konzerte.
Ich erinnere mich an Konzerte,
in denen Gott für mich greifbar war.
Da fiel während des langsamen Satzes
der 5. Symphonie von Anton Bruckner
das gelbe Licht der Rosette wie Flügel
auf die Arme des Gekreuzigten.
Das war für mich Gotteserfahrung.
Licht und Musik fanden zusammen
und erhoben gemeinsam die Seele zu Gott.
Als Mahlers Auferstehungssymphonie aufgeführt wurde,
spürten die Zuhörer, dass das nicht einfach gute Musik war.
Das war religiöse Musik. Das war Ausdruck von Auferstehung.
Die Musik hat die Menschen berührt.
Eine Frau fiel weinend einer Freundin in die Arme.
Sie war sprachlos über das, was die Musik in ihr ausgelöst hat.
Die jungen Sänger im großen Chor
wurden förmlich mitgerissen,
als die Sonne aus der großen Rosette sie umstrahlte.
Sie sangen gerade: »Auferstehn, ja auferstehn wirst du,
mein Staub, nach kurzer Ruh`!«
Als die Geiger ihre Instrumente einpackten,
sagte einer zum andern mit Blick auf das Kreuz:
»Hier lässt sich doch anders spielen als im Konzertsaal.«
Er spürte, dass er mit seinem Spiel
Gottes Herrlichkeit sichtbar und hörbar machen durfte.

Das ist der Sinn aller Musik,
Gottes Stimme hörbar zu machen,
damit unser Leben stimmig wird
und Gottes Schönheit in unserer Stimme aufklingt.

In der Reihe „Vergissmeinnicht" sind bisher u.a. erschienen:

Margot Bickel, Ermutigung für jeden Tag. Ein Gruß für Kranke
Gerhard Engelsberger, Inseln im Alltag. Für stille Stunden
Anselm Grün, Du wirst getröstet. Für Trauernde
Anselm Grün, Gestärkt von guten Mächten. Zum Krankenbesuch
Anselm Grün, Ich finde dich gelungen. Zum Geburtstag
Anselm Grün, Gehalten in Zeiten der Trauer. Für Trauernde
Corinna Mühlstedt, Wenn die Seele sich öffnet. Für stille Stunden
Hildegunde Wöller, Dein Schutzengel. Segen
Hildegunde Wöller, Du bist es wert, geliebt zu werden. Zur Ermutigung
Hildegunde Wöller, Fürs Auf und Ab des Lebens. Zur Ermutigung
Hildegunde Wöller, Im hellen Glanz des Lichts. Zu Weihnachten
Hildegunde Wöller, Irische Segenswünsche. Musik der Erde. Segen
Jörg Zink, Ein gesegnetes Jahr. Zum Geburtstag
Jörg Zink, Wege ins Freie. Ein Gruß für Kranke
Jörg Zink, Mit allerbesten Wünschen. Zum Geburtstag
Jörg Zink, Glück den Liebenden. Ein Gruß zur Hochzeit
Jörg Zink, Freude an Ihrem Kind. Zur Geburt eines Kindes
Jörg Zink, Wie der Engel gesagt hat. Zu Weihnachten

Bibliografische Information Der Deutschen Bibliothek
Die Deutsche Bibliothek verzeichnet diese Publikation in der Deutschen
Nationalbibliografie; detaillierte bibliografische Daten sind im Internet über
http://dnb.ddb.de abrufbar.

1 2 3 4 5   07 06 05 04 0

© 2003 Kreuz Verlag GmbH & Co. KG Stuttgart, Zürich
Ein Unternehmen der Verlagsgruppe Dornier
Postfach 80 06 69, 70506 Stuttgart, Tel. 0711-78 80 30
Sie erreichen uns rund um die Uhr unter www.kreuzverlag.de
Gestaltung: Klaus Dempel
Umschlagfoto: Gerd Weissing
Fotos: O. Eckstein, E. Galikowski (3), P. Friebe, P. Kleff (3), A. Kolb, B. Kottal (3),
C. Milde, W.H. Müller (2)
Reproduktionen: Stolz Fotosatz, Stuttgart
Druck und Bindung: Merkur Druck, Mayer GmbH, Ostfildern
Die Schreibweise entspricht den Regeln der neuen Rechtschreibung.
ISBN 3 7831 2240 6